AF438307
127

NOTICE BIOGRAPHIQUE

SUR

LE MARÉCHAL DUC DE VILLARS,

PAR

M. J.-B. PEIGUÉ,

AVOCAT A GANNAT.

Villars (Louis-Hector de) naquit à Moulins le 8 mai 1653. Il était issu d'une famille originaire de Lyon, qui avait fourni successivement cinq archevêques à Vienne en Dauphiné, et bon nombre d'hommes d'une haute capacité dans la robe, et d'une grande bravoure dans les armes. Il était fils de Pierre de Villars, chevalier des ordres du roi, qui servit loyalement son pays, et comme guerrier, et comme ambassadeur auprès de diverses cours. Il entra fort jeune dans la carrière des armes. Son intelligence, sa capacité et son courage se développant d'une manière prodigieuse à mesure qu'il se familiarisait avec la vie des camps, la patrie devait trouver un jour en lui un noble et vaillant défenseur. Il fut d'abord aide-de-camp du maréchal de Bellefons, son cousin, et devint successivement premier duc de Villars, pair et maréchal de France, maréchal-général des camps et armées du roi, généralissime de ses armées, grand d'Espagne de la première classe, chevalier des ordres du roi et de la Toison-d'Or, prince de Martigues, vicomte de Melun, marquis de Nocle, comte de Rochemilley, gouverneur et lieutenant-général du pays et comté de Provence, Marseille, Arles et terres adjaçentes, ville, tours et forts de Toulon, ville et citadelle de Saint-Tropez, ville, forts et citadelle de Marseille, conseiller au conseil royal, après l'avoir été de celui de régence, membre de l'Académie française, ambassadeur extraordinaire et ministre plénipotentiaire de France à la paix de Rastadt, et chef de l'ambassade à la paix générale de Bade. Il épousa, le 1er février 1702, Jeanne-Angélique Rocque, fille de Jacques, seigneur de Varengeville, et de Charlotte-Angélique Courtin. Il en eut deux fils : l'aîné, mort sans postérité masculine, fut gouverneur de Provence, et le puîné mourut au bout de quelques mois.

Louis-Hector de Villars servit en Hollande en 1672, et se trouva au passage du Rhin; l'année suivante, il se signala par son intrépidité au siége de Maëstrich. Louis XIV, admirant son ardeur naissante, daigna l'honorer de ses éloges en parlant de lui en ces termes : « Il » semble que dès que l'on tire en quelque endroit, ce » petit garçon sorte de terre pour s'y trouver ! »

Ces paroles royales devaient embraser l'âme du jeune guerrier, car elles applaudissaient déjà à ses actions d'éclat, et elles devaient encore l'exciter à se montrer brave partout où il y avait un danger à braver. Effectivement, on le vit, en 1674, au combat de Senef, où il reçut une blessure, déployer tant de valeur et de prudence, que le roi, charmé de sa conduite, le nomma colonel d'un régiment de cavalerie. En 1678, après avoir assisté à divers autres combats, et à plusieurs autres siéges où il occupa toujours le poste le plus périlleux, il attaqua avec tant d'impétuosité et de courage l'arrière-garde de l'empereur Léopold, dans la vallée de Quekembach, au passage du

Kinclie, qu'il la battit complétement; il fit d'ailleurs, dans cette campagne, des prodiges de valeur étonnants; ce qui porta le maréchal de Créqui à lui adresser, en présence de toute l'armée, ces paroles prophétiques : « Jeune » homme, si Dieu te laisse vivre, tu auras ma place plu- » tôt que personne !.... »

Pendant la même année, il se trouva au siége et à la prise du fort de Kehl. En 1690, il fut promu au grade de maréchal-de-camp, et l'année suivante, il se fit encore remarquer, par sa vaillance, à la bataille de Lens, où vingt-huit escadrons français triomphèrent de soixante escadrons ennemis, et en 1792, il aida puissamment à battre, à Pfortsheim, l'armée du duc de Wirtemberg, qui y fut fait prisonnier. Dès que la paix de Ryswyck fut conclue, le roi conféra à Villars le titre d'ambassadeur extraordinaire près de la cour de Vienne, d'où il fut rappelé en 1701. Ce fut en cette année que se forma une formidable alliance contre la France. Elle avait pour but le démembrement de la succession d'Espagne; mais ensuite elle prit la résolution de détrôner Philippe V, duc d'Anjou, second fils de Louis, dauphin de France, et appelé au trône d'Espagne le 2 octobre 1700, par le testament de Charles II. La guerre commença par l'Italie, où la place de Mantoue avait reçu une garnison française. Le prince Eugène commandait l'armée de l'empereur; le maréchal de Vaudemont, celle du roi d'Espagne, et le maréchal de Catinat, celle du roi de France. Villars, y ayant été envoyé, ne tarda guère à se faire remarquer par sa promptitude à défaire un corps ennemi manœuvrant de manière à s'emparer de sa personne. Après cette éclatante action, il partit pour l'Allemagne, passa le Rhin, à la face de l'ennemi, s'empara de Neubourg, et remporta, le 14 octobre 1702, à Fredelingen, par une manœuvre savamment

combinée, une victoire complète sur le prince Louis de
Bade, dont l'armée laissa plus de trois mille morts sur la
place. Cette victoire valut à Villars le bâton de maréchal
de France. L'année suivante, de concert avec l'électeur
de Bavière, il gagna la bataille de Hochstedt. L'électeur
n'avait pas voulu d'abord combattre ; il voulait, avant
d'attaquer, en conférer avec ses ministres et ses généraux.
Villars lui dit avec le ton d'un homme qui a calculé ses
forces et comprend la justesse de ses propres conceptions :
« C'est moi qui suis votre ministre et votre général; vous
» faut-il d'autres conseils que moi, quand il s'agit de
» livrer bataille ? » Villars livra donc la bataille, et par
son triomphe, il prouva à l'électeur qu'il savait quelle
portée pouvait avoir une résolution bien déterminée, sur-
tout quand elle a pour auxiliaire une mûre prévoyance.
Revenu en France, avec une brillante auréole de gloire,
le roi le nomma commandant de la province du Languedoc, où une tourbe de fanatiques ayant la dénomination
de *Camisards* (1), soudoyés par des puissances jalouses et
rivales de la France, s'étaient insurgés, et se livraient à
toutes les violences du brigandage. Au moment où il prit
congé du roi pour se rendre à son poste, il lui dit : « Sire !
» je tâcherai de terminer, par la douceur, des malheurs
» où la sévérité me paraît non seulement inutile, mais
» dangereuse.»

Les Camisards avaient à leur tête Ravanel, plus brave
que fanatique. Ayant appris que sa tête avait été mise

______

(1) Les Camisards fanatiques des Cévennes prophétisaient; ils se
soulevèrent en 1703, parce qu'ils faisaient profession d'être les ennemis
jurés des catholiques. Ils massacraient les prêtres, pillaient et brû-
laient les églises, etc. Comme ils portaient sur leurs habits une *che-
mise* qui, en idiome languedocien, s'appelle *camise*, ils reçurent le
nom de *camisards* (Voy. l'*Hist. du Fanat.*, par Brueys).

à prix, il eut la hardiesse d'aller trouver Villars et de lui demander les *mille écus* de récompense, en se dénonçant lui-même. Le maréchal lui pardonna sa rébellion et lui fit compter la somme promise à quiconque le livrerait mort ou vif. Cette action, humaine et magnanime de la part de Villars, réalisait les nobles promesses qu'il avait faites à son roi; mais Ravanel, ayant été reconnu pour être le chef d'une conspiration en Languedoc, fut pris et brûlé vif au mois de juin 1705. Ce châtiment accompli, ses coreligionnaires intimidés se dispersèrent, et Villars vit réaliser ses vœux, car il eut le bonheur de dissiper la rébellion des Camisards autant par la prudence que par la force. Il quitta dès lors le Languedoc entièrement pacifié. Mais pendant son séjour dans cette province, la gloire de la France subit une rude atteinte : le prince Eugène et mylord Marlborough ayant remporté, le 13 août 1704, à Hochstedt, une victoire complète sur les armées réunies de France et de Bavière, commandées par l'électeur et les maréchaux de Tallard et de Marsin, qui y fut blessé et fait prisonnier, il importait de remédier promptement à cette terrible défaite. Le prestige qui s'attachait à la fortune de Villars, la puissance magique qu'il exerçait sur l'armée, et la terreur qu'il inspirait aux ennemis, portèrent le roi à l'investir du commandement des troupes qui campaient sur les bords de la Moselle. Bientôt il occupa le camp de Sierck; il couvrit, par ce moyen, de son égide, les places de Thionville et de Sarrelouis, et s'opposa ainsi à l'accomplissement des projets conçus par les armées alliées de pénétrer dans la Champagne. C'est une des plus brillantes campagnes de Villars. On s'attendait à un choc terrible : Marlborough, dont l'armée était beaucoup plus forte que celle Villars, eût bien désiré en venir aux mains ; mais craignant d'attaquer imprudemment les positions retranchées et inexpugnables de son adversaire, il se décida, pour éviter une défaite, à décamper le 16 juin 1705, en se dirigeant vers la Frandre, et abandonna ainsi tous ses magasins de Trèves. Chose singulière ! Marlborough crut devoir se disculper auprès de Villars de ce qu'il ne lui avait pas livré bataille. Dans une telle conjoncture, Villars divisa son armée en deux corps : l'un occupa les Pays-Bas, et l'autre les bords du Rhin. Le 3 juillet 1705, il força les lignes de Weissembourg, et le 26 du même mois, Hambourg se rendit au marquis de Conflans. Cependant Villars, affaibli par la division qu'il avait envoyée à l'électeur de Bavière, ne put défendre les lignes de Hagueneau contre le prince de Bade, qui le força à reculer et qui entra dans cette ville le 5 octobre 1705. Le général de Petri, qui commandait cette place, l'avait évacuée la nuit précédente avec la garnison, afin de prévenir une capitulation honteuse. Néanmoins, Villars put soutenir l'honneur de nos armes en Allemagne : il fit lever le blocus de Fort-Louis, en s'emparant des retranchements de Drusenheim occupés par le prince de Bade. Le maréchal de Marsin, qui n'avait pas encore passé en Italie, était avec lui, et le comte du Bourg, commandant l'avant-garde, avait battu, le 1er mai 1706, huit cents cavaliers ennemis. Villars détacha de son armée le marquis de Vieux-Pont, qui s'empara de Drusenheim, et le général de Petri, qui avait abandonné la place de Hagueneau, la reprit le 11 mai 1706, sur les troupes du prince de Bade. De Hagueneau, ce général alla camper à Spire, d'où il mit le Palatinat à contribution, et il finit par se rendre maître, le 20 juillet 1706, de l'île du Marquisat. Le 22 mai 1707, Villars surprit les lignes de Stolhofen, s'étendant jusqu'au pied de la montagne de la Forêt-Noire, tandis que le marquis de Vivant et le comte de Broglie concentraient leurs troupes près de Lauterbourg, et abordaient en ordre de bataille l'île de Neubourg. Par une telle manœuvre, Villars battit l'ennemi partout, et s'empara de cette dernière ville, où il trouva cent soixante-six pièces de canon et beaucoup de munitions et de bagages. Il s'avança ensuite jusqu'à Bihel, entra dans les lignes que l'ennemi avait abandonnées, et établit son quartier général à Rastadt. Ce fut alors qu'il put envahir le centre de l'Allemagne : il s'empara du duché de Wirtemberg, fit contribuer Ulm, et même des villes au-delà du Danube, prit Schorendorf, battit le général Janus à l'abbaye de Sorck, le fit prisonnier avec plus de deux mille hommes, envoya des éclaireurs jusqu'à Mariendal, et tira ainsi de l'Empire plus de vingt millions de contributions. Mais un revers inattendu vint le contraindre à abandonner ses conquêtes. Le margrave de Bareuth, commandant les Impériaux depuis la mort du prince de Bade, arrivée le 4 janvier 1707, fut remplacé par l'électeur du Hanovre (depuis roi d'Angleterre), qui surprit et battit près d'Offenbourg le marquis de Vivant, et força ainsi le maréchal Villars à repasser le Rhin.

En 1708, les exploits du héros français doivent apparaître avec éclat en Savoie. A la nouvelle de son arrivée l'ennemi fut frappé d'épouvante, et il prit les deux villes de Sézane à la vue du duc de Savoie, qui eut la franchise de rendre hommage aux talents stratégiques de son plus redoutable ennemi, en s'exprimant ainsi sur son compte : « Il faut que le maréchal de Villars soit sorcier pour sa- » voir tout ce que je dois faire ; jamais homme ne m'a » donné plus de peine ni plus de chagrin. »

Après cette campagne heureuse, puisqu'elle fut très-avantageuse à la France, le roi dit à Villars : « Vous

» m'aviez promis de défendre Lyon et le Dauphiné, vous
» êtes un homme de parole, et je vous en sais bon
» gré.»

Villars lui répondit avec cette modestie qui le caracté-
risait : « Sire! j'aurais pu mieux faire, si j'avais été plus
» fort.»

Là ne s'arrête pas la mission de Villars. Il fut envoyé
en Flandre pour commander l'armée française, dont les
forces étaient bien inférieures à celles des armées alliées.
Le 4 juillet 1709, le comte d'Artagnan força Varneton,
sur la Lys, où Villars fit camper l'aile droite de son armée
dans la direction de Courlière, et l'aile gauche du côté
de Béthune, ayant au front de son camp la Bassée et le
Pont-Avendin. Ce campement, ainsi établi, obligea les
ennemis à s'attacher au siége de Tournai, au lieu d'assié-
ger Arras et Douai, dont la prise, sur laquelle ils comp-
taient, eût favorisé leur invasion en France. Peu de temps
après, le prince Eugène et le duc de Marlborough franchis-
saient l'Escaut pour venir faire le siége de Mons, tandis
que Villars concentrait ses forces et marchait au secours
de cette place. Le 11 septembre 1709, les ennemis lui li-
vrèrent bataille à Malplaquet; l'action fut terrible de part
et d'autre, et la bataille fut la plus longue et la plus
meurtrière de toute cette campagne; mais le courage de
l'armée française échoua devant celle de l'ennemi, beaucoup plus nombreuse, et il put dès lors facilement s'emparer de Mons. Malgré cette trop malheureuse défaite, cette
journée fut glorieuse pour la France, par le courage et
l'abnégation que les troupes montrèrent pendant l'action.
Les soldats manquant de pain depuis trois jours, laissaient
gaîment de côté celui qu'on leur distribuait pour voler au
combat. Villars fut blessé. Le maréchal de Boufflers, par
cette générosité vraiment romaine qui a imprimé tant

d'éclat à son caractère, le type de la grandeur d'âme, avait demandé et obtenu de servir sous les ordres de Villars, quoiqu'il fût son doyen. Boufflers effectua la retraite avec tant d'ordre et de prévoyance, qu'il ne laissa à l'ennemi ni canons ni prisonniers. Il fut parfaitement secondé par le chevalier de Luxembourg, commandant de l'arrière-garde, et l'armée française put se réunir et camper au Quesnoi.

La blessure que Villars avait reçue à Malplaquet était grave : pensant qu'elle devait causer sa mort, il se fit administrer le viatique. On lui proposa de laisser faire cette cérémonie en secret ; il s'y refusa en disant : « Non, » puisque l'armée n'a pas pû voir Villars mourir en » brave, il est bon qu'elle le voie mourir en bon chré- » tien !...» Paroles sublimes bien dignes d'un héros tel que la Providence l'avait formé!... *Le bon roy saint Loys n'avait pas dit mieux !...* Mais Villars ne mourut point, heureusement pour la France, et il put encore la servir avec gloire dans diverses occasions, après avoir vu ériger, en 1709, le duché de Villars, en *duché pairie.* Le 17 juillet 1712, le duc d'Ormond se sépara de l'armée des alliés, et une suspension d'armes eut lieu : elle fut publiée dans les armées française et anglaise ; la place de Dunkerque fut consignée aux Anglais jusqu'à la conclusion de la paix. Malgré l'armistice, le prince Eugène assiégea Landrecies ; Villars voulait secourir cette ville ; mais ayant reconnu que son adversaire occupait des retranchements infranchissables, il se détermina à attaquer et à forcer le poste de Denain, qui favorisait le passage des convois que l'ennemi faisait venir de Marchiennes devant Landrecies. Pour parvenir à se rendre maître de ce point important, il fallait tromper le prince Eugène, déjouer ses combinaisons, inquiéter constamment son camp de Landrecies, afin de l'amener à y concentrer plus de forces en dégarnissant le poste de Denain. Les manœuvres savantes de Villars, dissimulant le secret de son plan d'attaque au prince Eugène, obtinrent enfin le résultat qu'il en attendait, et avant de livrer bataille, il dit à tous ceux qui l'entouraient : « Messieurs, les ennemis sont plus forts » que nous; ils sont même retranchés; mais nous som- » mes Français; il y va de l'honneur de la nation : il faut » aujourd'hui vaincre ou mourir, et je vais moi-même » vous en donner l'exemple. »

Après cette allocution simple, noble et énergique tout à la fois, le héros se mit à la tête de ses vaillants soldats, pleins d'un bouillant enthousiasme, et le 24 juillet 1712, il attaqua inopinément dix-sept bataillons retranchés au camp de Denain, sous les ordres du prince Eugène. Les Français triomphèrent, après de prodigieux efforts, et la France fut sauvée!.... Villars, toujours prompt, toujours habile dans ses conceptions, sut profiter de cette brillante victoire pour se faire ouvrir successivement les portes de Marchiennes, où étaient les magasins des ennemis, de Saint-Amand, de Douai, du Quesnoi, de Bouchain, et le siége de Landrecies fut levé. Après cet étonnant succès, la suspension d'armes entre la France, l'Espagne et l'Angleterre, publiée à Paris, fut prolongée jusqu'à la paix. Cependant la guerre ne cessa pas de continuer avec l'empereur. Villars, après s'être emparé, sans résistance, des villes de Spire, Worms, Kaiserslautern, et autres places importantes, fit investir Landau par le maréchal de Bézons, et s'en rendit maître le 20 août 1713, après deux mois de siége. Villars passa ensuite le Rhin avec l'intention de prendre Fribourg; le général Vaubonne lui barrait le passage; il l'attaqua dans ses retranchements le 20 septembre 1713, et le battit complétement.

Après cet avantage, il fit ouvrir la tranchée devant Fribourg; il y eut pendant ce siège, qui fut long et difficile, deux actions principales : l'une à l'attaque de la Lunette et la seconde à celle du chemin couvert. Le baron d'Ars, qui commandait Fribourg pour l'empereur, se voyant dans l'impuissance de résister plus long-temps, se retira en toute hâte dans les châteaux forts, où il resta jusqu'au 16 novembre suivant, jour où il fut forcé de capituler. De tels succès, bien faits pour humilier l'empereur, devaient l'amener à proposer la paix à la France victorieuse. Le traité fut signé à Rastadt, le 7 mai 1714, par le maréchal Villars, ambassadeur extraordinaire et ministre plénipotentiaire de Louis XIV, et par le prince Eugène, au nom de l'empereur Charles VI. Il faut dire ici que le traité fit autant d'honneur à la France qu'à Villars, qui fut encore plénipotentiaire au traité de paix conclu avec l'Empire, à Bade, le 7 septembre suivant.

Louis XIV étant mort le premier septembre 1715, le vainqueur de Denain, dont le talent et l'expérience pouvaient encore être utiles à la cour, conserva son crédit; il fut nommé président du conseil de guerre et admis au conseil de régence en 1718. Mais au milieu des intrigues qui agitèrent le règne de la régence, il sut observer une grave circonspection qui, tout en augmentant la considération et l'admiration dont il était l'objet, nuisit néanmoins à son influence. Lorsque le désordre financier se fit sentir, par suite du funeste système de Law, et vint apporter une affligeante perturbation en France, Villars, aussi probe que son épée était vaillante, crut commettre une bonne action en indiquant au régent les fournisseurs et les entrepreneurs de services publics qui avaient fait une fortune rapide et même scandaleuse. Il lui exposa la cherté affreuse des vivres, la diminution des revenus de l'Etat, et la ruine du crédit public; mais cette noble démarche attira sur lui une inique défaveur, car Law, qui était la cause de toutes les calamités qui accablaient la France, avait tenté vainement d'associer Villars à sa famélique coterie, parce que, toujours loyal, toujours inébranlable, il repoussa avec une énergique indignation tous les moyens de corruption que l'intrigue lui offrait. Enfin Law fut disgracié; Villars participa au choix de son successeur, qui tomba sur Pelletier de la Houssaie, septième administrateur des finances, depuis le règne de Louis XIV, dans le court espace de cinq ans. Villars, qui, le 7 avril 1710, avait prêté serment de fidélité au roi, en qualité de duc et pair, devant le parlement de Paris, assista au sacre de Louis XV, le dimanche 25 octobre 1722; il remplit au banquet royal les fonctions de connétable, et porta l'épée du roi, qu'il tint nue pendant le temps du repas, pendant que les maréchaux de France d'Estrées, d'Huxelles et de Tessé portèrent la couronne, le sceptre et la main de justice. En 1723, après la mort du duc d'Orléans, régent, le gouvernement général des affaires du royaume ayant passé entre les mains de Louis-Henri, duc de Bourbon, prince de Condé, Villars ressaisit son influence et son crédit; il fit partie de tous les conseils, et ce fut alors que sa fortune dut être arrivée à son apogée, puisqu'il était parvenu au sommet de tous les honneurs et de toutes les dignités, et qu'il prenait encore une grande part aux affaires gouvernementales de cette époque agitée et de déception. Cependant la France, ayant été abandonnée de tous ses alliés, se trouva ainsi livrée à ses propres forces et à ses seules ressources, et la guerre se ralluma en 1733. Villars fut donc envoyé en Italie, avec le titre de maréchal général des camps et armées du roi, pour commander sous les ordres du roi de Sardaigne. Il arriva au camp de Pisighetone le 11 novembre 1733, et se rendit maître de cette place, par capitulation, après douze jours de tranchée ouverte. Pendant le siége, un officier lui représenta qu'il s'exposait trop au danger. Le maréchal lui répondit avec véhémence : « Vous auriez raison si j'étais » à votre âge; mais à l'âge où je suis, j'ai si peu de jours » à vivre, que je ne dois pas les ménager, ni négliger » les occasions qui pourraient me procurer une mort » glorieuse!.... » Il s'empara ensuite de Milan, de Novare et de Tortone. L'affaiblissement de ses forces physiques, sans altérer ses forces morales, ne lui permit pas de faire une autre campagne; il repartit pour la France; mais en proie à une maladie violente, il fut contraint de s'arrêter à Turin. Pénétré de l'idée qu'il avait peu de temps à vivre, il fit appeler un confesseur, et il expira le 17 juin 1734, à l'âge de quatre-vingt-deux ans. Lorsque le prince Eugène apprit la nouvelle de sa mort; il dit : « La France vient de faire une grande »perte , qu'elle ne réparera pas de long-temps! »

Lors de l'installation du maréchal de Villars à l'Académie française, Chapelle, répondant à son discours de réception, s'exprima ainsi : « La fortune devrait mettre » Cicéron à ma place pour répondre à César! »

Ce peu de mots bruyamment applaudis dessinent trop bien le caractère du duc de Villars, pour qu'il soit nécessaire de parler plus amplement de lui.

Il a écrit :

1° *Ses campagnes en Allemagne*, en 1703, publiées par Dumoulin. Amsterdam, Rey, 1762, 2 vol. in-12;

2° *Sa campagne de* 1712, publiée par Gayot de la Pitaval. Paris, Imbert, 1713 , in-12.

3° Il a écrit, en outre, ses *Mémoires*, depuis 1670 jusqu'en 1700. La Haye, P. Grosse, 1734 et 1758, 3 vol. in-12. Le premier est entièrement de lui, mais les deux autres sont de l'abbé Guillaume Plantavit de la Plause de Margon. Ces *Mémoires* ont été réimprimés dans la collection de Petitot. Il existe un ouvrage bien plus intéressant encore ; ce sont les *Mémoires du maréchal duc de Villars*, publiés par Louis-Pierre Anquetil, membre de l'Institut de France, en 1784, en 4 vol. in-12. On voit dans ce recueil les lettres, les souvenirs, et le journal même de l'illustre maréchal. Les anecdotes qu'on y trouve peuvent donner une idée juste de cette grande figure. Il faut le dire :

« Il est glorieux pour la province du Bourbonnais
» d'avoir donné naissance au héros qui sauva la France
» à Denain !.... »

Il avait un frère, le comte de Villars, qui reprit l'île de Minorque, le 5 janvier 1707.

Gannat, le 20 avril 1843.

Clermont-Ferrand, imprim. de Pérol.

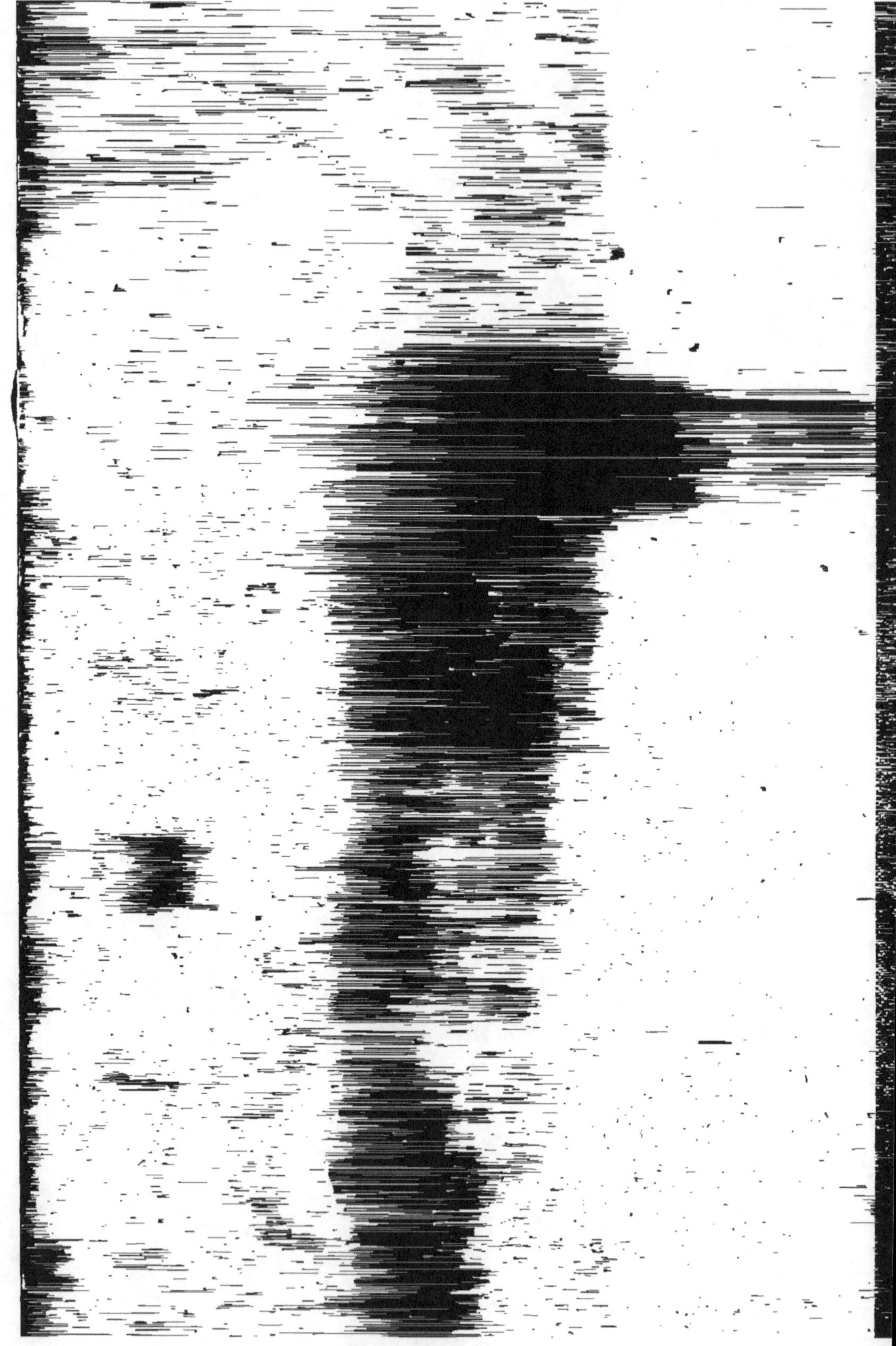